CLIFF
(PRECIPÍCIO)

CLIFF
(PRECIPÍCIO)

Alberto Conejero López

Tradução Fernando Yamamoto

Cobogó

A Acción Cultural Española – AC/E é uma entidade estatal cuja missão é difundir e divulgar a cultura espanhola, seus acontecimentos e protagonistas, dentro e fora de nossas fronteiras. No Programa de Intercâmbio Cultural Brasil-Espanha, essa missão se concretiza graças ao apoio do TEMPO_FESTIVAL, do Rio de Janeiro, que convidou a Editora Cobogó para fazer a edição em português de dez textos fundamentais do teatro contemporâneo espanhol, e contou com a colaboração de quatro dos festivais internacionais de teatro de maior prestígio no Brasil. Estão envolvidos no projeto: Cena Contemporânea – Festival Internacional de Teatro de Brasília; Porto Alegre em Cena – Festival Internacional de Artes Cênicas; Festival Internacional de Artes Cênicas da Bahia – FIAC; Janeiro de Grandes Espetáculos – Festival Internacional de Artes Cênicas de Pernambuco; além do TEMPO_FESTIVAL, Festival Internacional de Artes Cênicas do Rio de Janeiro.

Cada festival colaborou indicando diferentes artistas de teatro brasileiros para traduzir as obras do espanhol para o português e organizando residências para os artistas, tradutores e autores que farão em seguida as leituras dramatizadas para o público dos festivais.

Para a seleção de textos e de autores, estabelecemos uma série de critérios: que fossem peças escritas neste século XXI, de autores vivos ganhadores de pelo menos um prêmio importante de dramaturgia, que as peças pudessem ser levadas aos palcos tanto pelo interesse intrínseco do texto quanto por sua viabilidade econômica, e, por último, que elas girassem em torno de uma temática geral que aproximasse nossos autores de um público com conhecimento escasso da dramaturgia contemporânea espanhola, com especial atenção para os gostos e preferências do público brasileiro.

Um grupo de diretores de teatro foi encarregado pela AC/E de fazer a seleção dos autores e das obras. Assim, Guillermo Heras, Eduardo Vasco, Carme Portaceli, Ernesto Caballero, Juana Escabias e Eduardo Pérez Rasilla escolheram *A paz perpétua*, de Juan Mayorga, *Après moi le déluge (Depois de mim, o dilúvio)*, de Lluïsa Cunillé, *Atra bílis*, de Laila Ripoll, *Cachorro morto na lavanderia: os fortes*, de Angélica Liddell, *Cliff (Precipício)*, de Alberto Conejero, *Dentro da terra*, de Paco Bezerra, *Münchausen*, de Lucía Vilanova, *NN12*, de Gracia Morales, *O princípio de Arquimedes*, de Josep Maria Miró i Coromina e *Os corpos perdidos*, de José Manuel Mora. A seleção dos textos não foi fácil, dada a riqueza e a qualidade da produção recente espanhola.

A AC/E felicita a Editora Cobogó, os festivais, os autores e os tradutores pela aposta neste projeto, que tem a maior importância pela difusão que possibilita do teatro contemporâneo espanhol. Gostaríamos de agradecer especialmente a Márcia Dias, diretora do TEMPO_FESTIVAL, por sua estreita colaboração com a nossa entidade e com o projeto.

Teresa Lizaranzu
Acción Cultural Española – AC/E
Presidente

Sumário

Sobre a tradução brasileira 11

CLIFF (PRECIPÍCIO) 15
I. Treplev no Benedict Canyon 21
II. Reflexos no meu olho esquerdo 23
III. Begin the beguine 26
IV. Um retrato de família 29
V. You would be so nice (to come home to) 32
VI. Um apartamento em Ogunquit 35
VII. Solo de trompete 40
VIII. Canibais e lobotomias 42
IX. Goodbye, little dream, goodbye 44
X. Marlon nas ruas de Omaha 46
XI. Elizabeth 48
XII. A gaivota 49

Por que publicar dramaturgia 53

Dramaturgia espanhola no Brasil 55

Sobre a tradução brasileira

Há alguns anos tenho me aventurado na experiência da tradução de textos teatrais, partindo de William Shakespeare, dramaturgo com quem tenho mais íntima relação como encenador, e mais recentemente me aventurando por autores latino-americanos cujas obras foram montadas pelo grupo do qual faço parte, os Clowns de Shakespeare. A possibilidade de trabalhar com uma tradução realizada sob a ótica do seu encenador tem, nessas experiências que pude vivenciar, potencializado a palavra e a força do pensamento da encenação. Afinal, por mais "fiel" que se possa ser a um texto em sua língua original, o processo de tradução é, inevitavelmente, também um processo criativo. Expressões idiomáticas, referências culturais, gírias são algumas das armadilhas que acabamos por encontrar nesse processo. Se não temos uma atitude propositiva, acabamos criando uma obra sem a mesma potência comunicativa da sua versão original.

As equivalências são, portanto, fundamentais. Por outro lado, a dosagem também deve ser precisa e justa, de forma a não abrirmos mão do universo poético e cultural do dramaturgo. Em suma, traduzir uma obra teatral é caminhar em uma corda bamba, na qual não podemos deixar pender em excesso para nenhum dos dois lados, sob pena de irmos ao chão.

O convite para participar do Projeto de Internacionalização da Dramaturgia Espanhola foi uma daquelas provocações irresistíveis, diante de uma proposta tão interessante. Coube-me o texto *Cliff (Acantilado)*, de Alberto Conejero López, jovem dramaturgo espanhol que desponta como um dos grandes nomes do teatro contemporâneo daquele país. Mesmo sem conhecê-lo, ao ler sua obra fica evidente que se trata de um homem de teatro. Ao se lançar ao desafio de escrever um monólogo abordando livremente a vida e os percalços do ator hollywoodiano Montgomery Clift, López evidencia a sua intimidade com o palco, com a conformação de palavras que deslizam suave pela boca dos atores, ajudando-os a construir imagens, dar consistência ao personagem e expor seu pensamento à plateia.

A leitura é fluida e dinâmica, levanta de forma poética, a partir dos dramas pelos quais Clift passou, discussões de extrema relevância em qualquer lugar, mas que dialogam em especial com enorme intensidade com o momento que vivemos no Brasil hoje, no qual ondas de violência, intolerância e preconceito vêm ganhando proporções assustadoras e interferindo em tantas vidas por todo o país. Essa é a evidência do valor artístico desta obra — a capacidade de comunicação para além do universo no qual seu autor está inserido — e da relevância de um projeto como este, que propõe o encontro entre dramaturgos espanhóis com encenadores/tradutores brasileiros.

Resta agora esperar — através do olhar do próprio López, dos leitores, dos artistas e do público — que venham a encontrar com Clift, que essa tarefa para a qual fui designado, e que executei com muito prazer, esteja à altura da qualidade da obra original e possa proporcionar experiências estéticas e reflexões, como o seu original.

CLIFF
(PRECIPÍCIO)

Alberto Conejero López

Tradução Fernando Yamamoto

Sim, tua infância: já fábula de fontes.
O trem e a mulher que preenche o céu.
Tua solidão esquiva nos hotéis
e tua máscara pura de outro signo.
É a infância do mar e teu silêncio
onde os sábios vidros se quebravam.

[...]

Mas eu hei de buscar pelos recantos
tua frouxa alma sem ti que não te entende,
com a dor de Apolo aprisionado
com a qual rasguei a máscara que levas.

— *Tua infância em Menton,* FEDERICO GARCÍA LORCA

PERSONAGENS

CLIFT*

OUTRAS VOZES

Estas são de *A gaivota*, de Tchekhov, e de um fragmento do filme *Julgamento em Nuremberg*, de Stanley Kramer.

A MÚSICA

Todas as canções mencionadas, e que dão título a muitas das cenas, foram escritas por Cole Porter. A exceção é *Plaisir d'amour*, interpretada por Clift em *Tarde demais*. A função dramática destas não é incidental nem arbitrária. As gravações deverão ser aquelas dos anos 1930 e 1940 do século passado. Os textos em itálico e em inglês fora de parênteses pertencem também a canções de Cole Porter.

---

* Esta obra é livremente inspirada em alguns episódios e imagens da vida do ator Edward Montgomery Clift. No entanto, pertence à ficção e aos seus territórios, e só a eles servem, posto que não tem outra intenção a não ser aliviar uma dívida. É dedicada ao ator Carlos Lorenzo.

I. TREPLEV NO BENEDICT CANYON

Barulho de uma festa. Fogos, risos. Clift dança sozinho com uma taça na mão.

Tenho que sair dessa festa chata, encontrar um gesto protocolar, mas correto. Adeus, queridos; adeus, querida. Já sei que me aguentam com afeto. Claro que estou bem. Rigorosamente bem. Oh, Elizabeth, minha pequena Bessie Mae, minha adorada menina, não fique impaciente: logo terá outra tragédia pra chorar. Não leve a sério, só tomei uma taça. Só uma taça. Por que não? Vamos nos preparar pra fotografia. [*um flash*] Dê-me um beijo e adeus. Saúda com um sorriso o ronco do motor, vira a chave e desaparece.

Some o barulho da festa.

Agora está só. Chora se tiver vontade, mas acelera. Um pouco mais. Com doçura o mundo se esboça pela janela. Como se de repente o tempo entrasse em curto-circuito e se transformasse em fumaça que sai pelo escapamento. Afrouxa o nó da gravata-borboleta, desliza com cuidado a fivela do cinto. Dirige noite afora. Amanhã todo mundo o espera. A você, belo desgraçado, pra que despeje sua alma pelos olhos, pra que passeie com sua cara de

250 mil dólares. Montanha abaixo. Sua cara, minha cara. Percorre-a com os dedos da testa ao queixo. Lá dentro estão você, seus verões na Europa, lá está sua mãe, o beijo e o tremor nos mictórios, é a sua cara nas ruas de Omaha, é a sua cara na tela, é a sua cara na revista *Life*, estúpida máscara pros coquetéis.
Dirige, Montgomery, pronuncia todas as letras do seu nome. Lembra delas, sentado na última fila do cinema. Pela primeira vez, lá está seu nome na tela, como uma inscrição no pórtico do paraíso: "Montgomery Clift". Acelera, acelera. Aonde o ponteiro do velocímetro tem que chegar para que você se suporte? Não serve oitenta, cem, 120 quilômetros por hora?

Uma batida seca. O som de uma buzina que atravessa a noite.

São 12 de maio de 1956 e acabo de me chocar contra um poste de telefone. Sobe uma nuvem de pó. A buzina toca, toca. Acho que ainda enxergo pelo olho direito. Ou é o esquerdo? Um dos faróis pisca. A noite está bonita. Estou agachado sob o painel do carro. Gritam, há outras luzes, outras buzinas, aqui está você, pequena, como chegou tão rápido? Te prometi um bom espetáculo. [*outro flash*] Não posso te cumprimentar. Tampouco posso respirar. Enfia os dedos e me tira os dentes da garganta. Sempre tão carinhosa, Elizabeth, sempre tão dedicada. Não chore. O senhor é médico? Lhe apresento a Elizabeth Taylor. Eu sou Montgomery Clift, e este é o meu carro alugado. A bochecha esquerda dilacerada, a mandíbula quebrada, o septo nasal deformado. James Dean filho da puta, ganha de mim até na morte. Porque eu não consegui morrer. Estou derrubado no hospital, as pessoas da produtora me trouxeram um buquê de flores e um cartão: "Queremos você de volta na filmagem, Montgomery." Que carinho. Mas agora tenho que decorar um montão de palavras: reconstrução facial, atestado, pentobarbital, apófise coronoide, nembutal, orofaringe. Tenho que sair daqui e acabar esse filme chato de 5 milhões de dólares. As palavras saem da minha mandíbula retorcidas. Por isso vocês não me respondem? Falarei devagar. Por que me olham assim? É a minha cara? Alguém me traz um espelho? Já sei, pela ponta dos dedos, o que me espera. Traz você, Bessie Mae. Traz pra mim. Por que chora? [*se olha*] E vocês? Fora daqui! Sintam pena de outro. Eu sou Montgomery Clift. Não acreditam? Olhem nos meus olhos, olhem nos meus olhos, não veem que sou Montgomery Clift? Como posso não ser Montgomery Clift?

Blecaute.

II. REFLEXOS NO MEU OLHO ESQUERDO

Alguns anos depois. Um mar de garrafas vazias e cinzeiros cheios.

...como posso não ser Montgomery Clift.
Ontem à noite me sentei na banheira.
Não havia tomado uma gota de álcool o dia inteiro e estava morrendo de vontade.
Pus uns cubos de gelo num copo e o levei à boca, três, quatro vezes, só pra ouvir o som, achei que me acalmaria.
Mas, obviamente, idiota, me deu mais vontade de beber, sentado na banheira, com três dúzias de garrafas aos meus pés e um copo cheio de gelo derretido.
Mas não o fiz.

Esvaziei a primeira garrafa na banheira.
O uísque canadense se foi pelo ralo
como uma mijada.
Foi o que pensei.
Como uma mijada.
Depois esvaziei outra garrafa,
e outra,
e então me ocorreu colocar a tampa do ralo e entrar na banheira.
Estiquei o braço e peguei uma garrafa.
"Geirslay Ohlisgsberg 1945."
Esvaziei.
Peguei outra. "Médoc, 1930."
Esvaziei.
E outra.
A mistura já chegava na altura do umbigo quando derramei toda a angostura.
Chegou o momento.
Tirei a tampa do ralo.
Já fazia um bom tempo que o disco tinha terminado na sala.
Olhei o redemoinho sobre o ralo.
A banheira estava vazia. Fiquei de pé. Pegajoso. Chorava.
Abri a caixa de primeiros socorros e joguei todos os comprimidos na privada.
Demorei pra dar a descarga.
Talvez cinco ou dez minutos.
Antiespasmódicos, antidepressivos, analgésicos, ansiolíticos, vitaminas,
Prozac, Oxycontin, Tiopental, Codex,
lhes digo adeus.
Quando acabei, me olhei no espelho e disse:
"Como pode você não ser Montgomery Clift?"
Me aproximei tanto que cada sílaba deixava uma marca do bafo.
Baa-foo!

Vamos nos dar bem. Vamos nos aguentar.
Me olhava com o olho direito tapado.
Me olhava pela pupila esquerda,
Me olhava por trás da nuvem da pupila esquerda.
Você aparecia e desaparecia. Terá que ser operado. Mais uma vez. Que bela palavra. Catarata.
Abri a torneira e tentei te ver na água.
Lá estava. Sua cara costurada em três lugares, seus olhos implorando por uma taça, seu reflexo te interrogando, apontando para você com o dedo da sua mão direita. Você tira a tampa do ralo e desaparece. Um alívio.
Mas...
Quem reunirá os milhões de imagens com as quais zombam de você?
No teatro, as luzes se apagam e o fantasma desaparece.
Até a apresentação seguinte.
Mas no cinema a luz se acende e só a plateia desaparece.
Seu fantasma aguarda na tela. Pra que apareça pra você como um precipício.
Sempre belo,
como naquela maldição do retrato,
pronto para lhe jogar na cara seus pecados:
"Você gastou meia vida na última década, meu amigo.
Está gordo e sua pupila esquerda é quase de enfeite.
Se meteu no meio dos sodomitas e do enxofre com um martíni na mão.
Que Deus te ampare.
Quem, Monty, deixou você fazer isso conosco?"
Mas não terminou.
Me pertence o que de mim ainda resta.
Feche os olhos e se veja. Como não vai ser Montgomery Clift?
Venda-o caro.
Em uma semana estará passeando pelo tapete. Sóbrio.
Como quem volta de um naufrágio.
E dessa vez, quando te derem o Oscar,

saberá bem a quem dedicá-lo:
aos que batem no seu fantasma.
Pega o telefone e liga pra eles.
Diz: "Lembra de mim?
Continuo aqui. Sou Montgomery Clift.
Não, as moscas do meu cadáver ainda não nasceram."
Pega o telefone e diz:
"Quero um teatro. Quero voltar a ser Konstantin Treplev."
Pega um telefone
e simplesmente fala pra eles o seu nome,
que te pertence,
e que hoje você não bebeu, apesar de estar morrendo
de vontade.
Agora lava a sua cara. Tem que trabalhar.

Blecaute.

III. BEGIN THE BEGUINE

Faz anos que flutuo em um caos de sonhos e imagens, sem saber para quê, nem para que é necessário. Não a-credito em nada e perdi o amor à minha vocação. Não, não sei qual é a minha vocação. Faz anos que flutuo em um caos de sonhos. Quero um teatro. [*deixa o roteiro*] Quero voltar a ser Konstantin Treplev. [*pega o telefone. Parece que a conversa havia começado antes*] Já pensou? Não, escuta você. Claro que me ouvia. Mas não queria gritar. Porque Treplev não fala para que lhe ouçam, e sim porque não o ouvem. Por isso não levantei mais a voz, Elizabeth. Claro, o que iriam dizer? "Um ator de cinema que se atreve a fazer teatro, o fracassado capricho de Montgomery Clift." Não entenderam. Eu propus um teatro pequeno. Porque os personagens dessa obra gritam quando estão fora de cena, e então o eco desse grito os empurra para o proscênio, e ali soltam as palavras como as lágrimas de alguém que tomou uma porrada no estômago e continua de pé por dignidade. Por isso não levantei a voz. Sim, ao telefone. Mas os produtores queriam o teatro maior, a produção mais cara, o melhor cenário, os melhores figurinos. E eu só queria ser Treplev. O que iriam dizer os críticos? "É preciso dez anos, não quatro semanas em um teatro alternativo, para chegar a ser um bom ator de teatro e justificar assim seus ideais." "Montgomery Clift é um belo Konstantin Treplev, mas perdido — mal se pode ouvi-lo e fica perambulando pelos palcos, como se buscasse as câmeras." "Perambulando?" Claro que Treplev perambula! Imbecis! Para onde vai Treplev? Você continua aí? Mas agora vamos fazê-lo bem, montaremos *A gaivota* como deveríamos ter feito da primeira vez. E você tem que me ajudar, pequena. É dinheiro o que falta? É algo tão fácil de encontrar quanto dinheiro? Eu darei, eu estarei sóbrio para recebê-los, eu gastarei as últimas letras do meu nome para que nos patrocinem. Porque tenho uma dívida e hei de pagá-la. Já sei o que disseram. Já sei. "Clift precisa de dez anos e não de quatro semanas em um teatro alternativo." Quatro semanas? Quatro semanas? O que venho fazendo desde os 15 anos? Por acaso não estou pagando essa dívida desde os 15 anos? Por favor, pequena, diz que me ajudará. Não podem dizer não a Elizabeth Taylor como Nina e a Montgomery Clift como Treplev. Diz a eles que eu porei o dinheiro que faltar, que não tomarei uma só gota até que terminemos. Por que está rindo? Nem uma só gota! Prometo! Vá logo! Não podem nos dizer que não. Não é verdade que não podem nos dizer que não? Seguirei pagando essa dívida. Desde aquela noite em Paris que a mamãe nos levou ao teatro. Porque era chique ir, porque queria que exibíssemos nossos modelitos, "você, meu anjo de olhos cinza, você, meu príncipe de Paris, senta nesse palco para que te vejam". E então a luz se apagou. E nunca mais houve outra felicidade que não aquela, a estúpida felicidade de ser outro, daquela atriz arrastando o ódio de Medeia pelos densos pântanos do tempo, cuspindo seu amor do carro do sol. O que você esteve fazendo desde então, Bessie, senão pagar por aquela emoção? Que outra coisa tenho feito além de me devorar para a máscara? Me diz, Elizabeth: eu, príncipe da Dinamarca, chorando escondido no quarto às escuras, eu, suportando os beliscões nas bochechas, as sessões de fotografia, as capas para as senhoritas, os espetáculos vestido de anjinho, o quarto sem banheiro daquele motel pra esperar o dia chegar e mendigar por uma oportunidade. Por acaso esses estúpidos sentiram o prazer desse arranhão? Por isso que eu e você vamos montar *A gaivota*. Diz a eles, minha pequena consentida, que seu amigo Monty está fechando o elenco, que só precisa encontrar o teatro, que dinheiro não é problema. Como nos dirão que não? [*pega o roteiro*] Se ergue uma cortina, e num quarto de três paredes, iluminado por luz artificial, você vê esses grandes talentos, esses sacerdotes da arte sagrada, representando pessoas comendo, bebendo, andando, vestindo paletós... Eu, quando os vejo, através de quadros e frases vulgares, esforçando-se para expor uma moral frouxa, cômoda de compreender e útil somente pra usos domésticos... quando me apresentam em mil variações sempre o mesmo, sempre o mesmo, e sempre o mesmo... Quando desliguei o telefone?

Blecaute.

IV. UM RETRATO DE FAMÍLIA

Clift sentado à mesa. Manipula os talheres (no ar) com precisão desesperadora.

E agora eu me calo.
Para que você possa falar, mamãe.
Pra que, de mordida em mordida no bolo de cenoura, convoque todos os nossos fantasmas para que sentem à mesa.
Estamos todos?
Esperamos pacientes suas pequenas lágrimas, seu pequeno pranto sobre os pequenos torrões de açúcar.
Sempre adorei como você dobra a ponta do lenço antes de levá-lo aos olhos, com toda a doçura que o sangue nobre, prisioneiro em seu corpo de bastarda, te obriga: primeiro o direito, depois o esquerdo, antes de dobrá-lo uma vez mais e guardá-lo na bolsa até o próximo soluço.
Sorri porque estou calado e suas palavras, umedecidas nesse sotaque francês falsificado, não nos dão trégua, nos batem, se amontoam sobre nós até nos sepultar, e então, só então, nessa nuvem de "*mon cher*/meu pequeno/meu belo", levanta a xícara, cheia só até a metade, e molha os lábios no chá com leite, sem chegar a beber, como acredita que fizeram os primeiros colonos, como devia fazer sua avó, e depois faria a sua mãe, e como você ensaiou tantas e tantas vezes no orfanato, onde você iluminou esses fantasmas que nos rodeiam.
À sua esquerda, meus avós, demasiado ricos e demasiado jovens para te querer.
À sua direita, meus outros avós, os que te criaram, com o mau hábito de ter que trabalhar pra viver e desprezar o chá.
Sorriam todos para a fotografia.
E diante de você, querida mamãe, o menor dos seus fi-

lhos e a maior de suas conquistas,
costurado como uma bola de rúgbi,
calado e sorridente para que cuspa suas desgraças
e saia pela porta antes que anoiteça.
Minha querida mamãe, você fez tanto por mim que vai me custar o resto da vida para desfazê-lo.

[*música*] Plaisir d'amour ne dure qu'un moment, chagrin d'amour dure tout la vie.

Acende as velas do bolo.

Claro que desfruto a sua companhia e abraço, um a um, o seu séquito de fantasmas.
Deveria ter escondido a porra desse disco.
É que levo algumas noites sem dormir.
Onde você o guarda? [*pausa*] Claro que pode entrar, mas não tinha que ter se incomodado. [*pausa*] Não tenha medo. Entra. É um presente lindo, mamãe. Se não estivesse com tanta preguiça, te daria um abraço.
De onde você pegou? Que simpático detalhe. Um cardiologista. E de cor. Ah, mamãe, imagino todas as suas pesquisas, seu esforço até encontrá-lo. Você toca algum instrumento?
Claro que não lhe falto com o respeito,
claro que me faz falta,
claro que cuidará de mim,
claro que tem toda a sua confiança,
claro que tentarei que não fuja.
Mas vem cá... Como você se chama? Que nome bonito para um guardião: Lorenzo. Mas chegou tarde, Lorenzo. Me perdoe que o interrompa. [*sopra as velas*] Quero fazer um anúncio:
sinto lhe desapontar, mamãe, mas creio que vou continuar vivo por uns tantos anos mais.
Ontem à noite esvaziei todas as garrafas na minha banheira, joguei os comprimidos na privada e fui dormir sóbrio

pela primeira vez em quantos anos, mamãe?
Não me acostumo com essa voz.
Escuta: "Não me acostumo com esta voz."
Esta é a minha voz, não é verdade, mamãe?
Não me sinto só. Sim, me casar seria bom. Mas não casar é melhor.
Além do que, a partir de hoje, tenho o seu presente.
Quanto vai me custar por mês? Ele vai me dar um desconto se eu não tiver um infarto nos próximos meses?
Portanto, por enquanto, pode guardar o lenço
e me incluir na sua lista de reclamações:
Você, que nos levava pra passear como príncipes exilados pela Europa,
Você, que nos pagou as aulas de francês, de equitação, de esgrima,
com a confiança de voltar algum dia com seus belos filhos à casa dos teus pais e bater na porta com tanta delicadeza que seriam incapazes de fechá-la outra vez.
Mas não a abriram.
E desde então você não faz outra coisa a não ser polir o faqueiro de prata, passar ferro nas toalhas de mesa e preparar os pratos pra uns convidados que não chegarão nunca.
E a cada 17 de outubro, quando faço aniversário, você entra por essa porta com o seu séquito de fantasmas pra mostrar o que restou do seu caçula, aquele que te presenteou com os melhores vestidos e depois vomitou neles, aquele que bateu a cabeça de estátua no painel de um Chevrolet. Você se senta e pede que eu lhe dê autógrafos em fotografias nas quais já não me reconheço. Oh, por favor, não chore, mamãe. Por que não me surpreende?
Vamos brincar de algo novo. Por que você não sorri?
Claro que não disse isso pra te machucar.
Claro que entendo tudo o que você sofreu.
Claro que amo você, mamãe, por que não?

Mas você não pode ficar pra dormir aqui.
Naturalmente.
Nunca em minha vida senti necessidade maior de me despedir de você.
Seu presente pode ficar.
Espera:
vai comer o último pedacinho de bolo? [*som de uma porta. Pega o roteiro*] Amo a minha mãe, a amo muito (...) Mas às vezes grita dentro de mim o egoísmo de um simples mortal. Quem sou eu? O que sou? (...) Não tenho nenhum talento, nem um tiquinho, e, segundo o passaporte, sou um burguês de Kiev.

Larga o roteiro.

Por que está me olhando desse jeito, Lorenzo?

Blecaute.

V. YOU WOULD BE SO NICE (TO COME HOME TO)

> Have you no memories, O Darkly Bright?
> — HART CRANE

Clift e a imagem de Clift em um pequeno monitor.

Agradeço que tenha comparecido pontualmente. Eu tinha o seu número guardado desde antes de... e resolvi convidá-la. Já sabe que não costumo conceder entrevistas, mas para a senhora abrirei uma exceção. Muitíssimo obrigado. Com certeza estou nervoso. Três vezes indicado, sim, e só na última achei que merecia e que iam me premiar. Mas desta vez não se atreverão. A senhora já viu o filme? Encontra alguma razão para que não me deem? Me darão, ainda que seja para me obrigar a subir as escadarias do teatro, para poder mostrar às câmeras como fica bem a compaixão nos seus rostos. "Lá vai Montgomery Clift, nascido em Omaha, Nebraska, receber um Oscar. O reconhece? É ele mesmo? Não posso olhar a sua cara, veja como cambaleia, veja como chora. Será que está bêbado? Oh, pobre criatura, pobre promessa aos cacos, sobre suas cicatrizes malcosturadas seus companheiros de profissão choram em seus trajes de gala, minutos antes do coquetel de camarões e dos *manhattans*." Mas eu tenho uma surpresa pra eles. Aproxime-se. Lhe contarei um segredo. Eu fodi com o espetáculo deles: ressuscitei. Arrebatei o penúltimo morto do mausoléu deles e vou passear mais uns tantos anos para o espanto deles e de outrem. Anote a manchete: "O ator Montgomery Clift volta ao teatro com *A gaivota*, de Tchekhov." Não parece entusiasmada. Deveríamos começar do princípio. Eu, Edward Montgomery Clift, nasci em Omaha, Nebraska, há oito vezes cinco anos. Muito distante ou muito tedioso? Já se deu conta. Anote, talvez no final da coluna, talvez no parágrafo que fica escondido embaixo do polegar quando se lê o jornal. Só me falta fechar o elenco para começar os ensaios. Mas posso te adiantar um nome: Elizabeth Taylor. Acabei de dizer, *A gaivota*. Acho que tenho uma cópia por aqui. Você não se importa que ela tenha rasuras, né? Um pequeno teatro, isso é o suficiente. Estupidez. Claro que vou decorar todo o texto. Quem disse isso? Quem é uma "fonte"? Me diga quem te contou isso. Uma estupidez, uma completa estupidez. Não era eu quem gaguejava, não era eu, era meu personagem quem esquecia enquanto o tribunal metia seus grandes dedos pela garganta até arrancar-lhe as palavras do peito. Uma completa infâmia. A senhora viu mesmo o filme? [*pausa*] Está bem, tentemos uma última vez. Mas sem jogo sujo. Não levantei a voz. Mas acredito que lhes sirvo mais fugindo de vocês do que falando com vocês. Sim, pode tirar uma foto. Mas depressa. Sim, ali está bem. [*flash*] Comecemos pelo meio. "Eu, Edward Montgomery Clift, aquele que perdeu quatro molares e meia vida estampado contra um poste de telefone, eu, que me fiz em cacos mas sem chegar a quebrar, eu, o remendado, eu, com o lábio costurado, eu, passeando minha tosca ressurreição pelos *sets* de filmagem, eu, cuidando das minhas cicatrizes com a saliva de desconhecidos, quantas mortes vou me oferecer de presente?" Tétrico demais, sim. Pode apagar. [*pausa*] Não, não a vi morta. Mas pode escrever uma dessas frases bonitas: "Ao ser perguntado sobre a morte de Marilyn Monroe, Clift submerge em um profundo silêncio." Não basta? Que predicado prefere? Que verbo? Submerge? Se emociona? Se irrita? Desculpe-me se não lhe sirvo de oráculo para conversar com os mortos. Eu não vou abrir nenhuma tumba, não vou. Como se atreve? Não dissimule. Sorria. Quer uma frase pra manchete? Um "não tenho a intenção de me casar, tampouco de morrer". Não, não é verdade que nenhum estúdio queira me contratar. Por acaso a senhora acha que sou o único bêbado de Hollywood? Fui eu quem decidiu não trabalhar... Não, isso nunca. Isso nunca. Fofocas. Por favor, convido-a a sair. Por que trouxe essas fotografias? Claro que me reconheço. Óbvio que me reconheço. Já disse. Não sinto nenhuma pena ao me ver nessas fotografias. Como se atreve? Me olhe nos olhos. Como não sou Montgomery Clift? Saia, saia da minha casa! [*pausa*] Comecemos pelo final. Eu, Edward Montgomery Clift, destrocei a máscara do meu rosto ao enfiar um Chevrolet 1956 num poste. Desde aquela noite máscara e rosto ficaram incrustados um no outro, e não sei o que segura a cola quando a aplico.

Pelas rachaduras, trato de respirar, dia e noite, noite e dia, somente para não apagar a brilhante escuridão da minha existência.

Blecaute.

VI. UM APARTAMENTO EM OGUNQUIT

> Para de me querer
> Lembra ao menos que te proibi.
>
> — JOHN DONNE

Nota: Durante esta cena, e do modo que a direção definir a disposição, se escutarão (vindo de uma televisão, gramofone, rádio etc.) as seguintes vozes, entrelaçadas com a de Clift, sem ordem nem relação aparente, como a tempestade e os pântanos.

UMA VOZ: Acho que os ouvintes da nossa emissora merecem escutar a voz dos *experts*. Eu trouxe um livro escrito pelos doutores em medicina Charles Berg e Clifford Allen, *O problema da homossexualidade*, Nova York, 1958. Aqui, nesta página, diz o seguinte: "Não há evidências sobre a origem congênita, genética ou intrínseca da homossexualidade, apenas a certeza de que os homossexuais são assim porque têm medo de ser outra coisa. São incapazes de ser normais porque as forças de suas mentes superam seu controle. O mais importante é que a homossexualidade causa grande infortúnio. E se a felicidade tem algum valor", e os autores defendem que é de grande importância pra humanidade, "então a homossexualidade tem que ser erradicada por todos os meios que estejam ao nosso alcance". Mas como se isso não bastasse, gostaria de dar as boas-vindas ao doutor Hamilton, que escreveu, junto com seu colega Legman, o estudo *Sobre as causas da homossexualidade*, Nova York, publicado há alguns anos, em 1950. Doutor, nossos ouvintes desejam escutar sua opinião: por que o senhor acredita que há tantos homossexuais alcoólatras?

OUTRA VOZ: No alcoólatra compulsivo, a homossexualidade tem uma evidente motivação defensiva, mas esta é temida e reprimida. Tudo deriva da urgência em acalmar uma tensão insuportável e, ao mesmo tempo, obter uma sensação de indubitável masculinidade. O álcool satisfaz essa necessidade e oferece um incremento parcial de impulsos primários heterossexuais, tornando possível que o bebedor compulsivo funcione com prostitutas ou com outras mulheres que não são tão facilmente identificáveis com a mãe proibida.

AINDA OUTRA VOZ: Aqui está Roy Cohn, conselheiro-chefe do senador Joseph McCarthy. Americanos, o inimigo russo, em seu intento de nos converter ao comunismo, está se servindo dos homossexuais para se infiltrar em nosso país. Os comunistas, quando descobrem as perversas inclinações e os depravados gostos desses enfermos, os chantageiam para que forneçam informações sobre nossos interesses. Os homossexuais, débeis de coração e de mente, e temendo que sua enfermidade se torne pública, facilitam ao inimigo informações que comprometem o futuro dos nossos filhos e de toda a pátria americana. Em outros casos, os próprios homossexuais se renderam ao comunismo, e entoam cantos revolucionários em suas orgias noturnas. Americanos, esse terror cor-de-rosa ataca a nossa juventude, debilitando-a e pondo-a aos pés das mais horríveis perversões. Se o senhor crê que algum dos seus amigos ou seus vizinhos está sendo acossado por esse perigo, não hesite em procurar o FBI. Aponte, denuncie, protejamos a América.

Você está encharcado. Foi muito gentil em concordar vir aqui a essa hora. Não queria ir ao bar, é a minha última noite nesta casa. Por isso que pedi a Lorenzo que se encarregasse do... trâmite. Mas imagino que ele já tenha te contado isso, que durante o trajeto deve ter explicado que o patrão exige discrição, que o patrão é uma pessoa importante, que o patrão tem suas peculiaridades, mas que o patrão paga bem, muito bem. "Patrão", uma palavra quase tão horrenda quanto "criado". Deixa o casaco onde quiser. Lorenzo fez seu trabalho muito bem. Não, não se aproxime. Fique aí onde está. Parado. É ridículo dizer isso, mas você tem uma bela cara. Ridículo. Se aproxime, só alguns passos. E aí, me conhece?

[*música*] Like the beat beat beat of the tom-tom when the jungle shadows fall; like the tick tick tock of the stately clock as it stands against the wall; like the drip drip drip of the raindrops when the summer shower is through, so a voice within me keeps repeating you, you, you.

Quando chegou à cidade? Vou repetir mais devagar: quando você chegou à cidade? Você, em Nova York. Quanto tempo? Não, não peça desculpas. É maravilhoso. Fazia tanto tempo que eu não estava assim, diante de outro homem, em igualdade de condições, jogando com as mesmas cartas. Deixe que eu comece. Deixe que eu te mostre a primeira. Me chamo Monty. Isso, só Monty.

[*música*] Day and night, night and day, under the hide of me there's an oh such a hungry yearning burning inside of me; and this torment won't be through until you let me spend my life making love to you, day and night, night and day.

E você? Seu nome? É um nome judeu? Não, claro que não me importo. Já estive com homens de hábitos piores. Por que está se aproximando? Fique aí onde está. Pare de dizer "desculpe". Te entendo, e é o suficiente. E é um sotaque divertido. *Tu parle français? Je crois que beaucoup de juifs parlent français. Portugais? Aucune idée. Un seul mot*: "menino, menino". As mesmas cartas, as mesmas cartas. [*pega uma câmera fotográfica. Um flash. Põe a fotografia para secar*] Toma uma bebida, se quiser. Está vendo? Esta é a última garrafa, e a última noite nesta casa, e você, querido amigo, você, um desconhecido, como eu sou um desconhecido para você, será o último, o último. Não saia da luz. É essa maldita mancha na pupila. Como uma nuvem. Catarata. Pode repetir "catarata"? Os sapatos. Mas tira devagar. Agora a camisa. Espera.

[*música*] It's the wrong time and the wrong place, though your face is charming, it's the wrong face; It's not his face, but such a charming face and it's alright with me. It's the wrong song with the wrong style though your smile is lovely, it's the wrong smile; it's not his smile, but such a lovely smile.

Não, não se aproxime. Sente-se nessa cadeira. [*fotografa*] Não tire a calça. Se acaricie. Devagar. Agora a braguilha. [*outro flash*] Assim. Feche os olhos. Não me olhe, não me olhe.

[*música*] You cannot know how happy I am that we met; I'm strangely attracted to you. There's someone I'm trying so hard to forget. Don't you want to forget someone, too?

Vai. Sim, já terminei. Por que você quer falar? Que necessidade há de falar? O que vai me perguntar? Não quero saber. Não quero que se aproxime. O que vai me dizer? "Pode confiar em mim; podemos viver juntos; te amarei, você me abandonará?" "Se casará com uma mulher? Poderemos nos ver em sua casa de Ogunquit?" Ridículo. Fique aí. Não se aproxime. Você, um desconhecido, e eu, outro desconhecido. Assim está perfeito. Não posso deixar que ninguém se aproxime tanto de mim. Como você agora. Como você agora. Você aprenderá essas palavras: hipoparatireoidismo, vodca, hebefrênico? Eles não sabem, fazem piada, cochicham. Brigam pra ser o primeiro a conseguir arrancar de mim uma fotografia da minha vergonha. Nu em uma fonte mendigando por um abraço, bêbado nos elevadores de Manhattan, comprando cocaína pra enganar a dor. Que dor? A dor.

Antes não se atreviam. Calavam-se servis ante a minha estátua em preto e branco: auriga do rio Vermelho, corre, esporeia o cavalo, você, deus de cobre e celuloide, que se apague a luz e arda o milagre, radiante caçador de fortunas sob o sol de Los Angeles. Segue pelo tapete vermelho, nos presenteie com o seu sorriso. Eles já sabiam. Mas como iriam se atrever? Esperaram que a estátua se quebrasse para enfiar seus dedos na ferida. Montgomery Clift bêbado! Montgomery Clift nu em uma fonte de Roma! Montgomery Clift em um bar de homossexuais! E essa palavra: bichona.

Aqui estou, mijem em cima de mim quanto queiram. Meus olhos de estátua os desprezam. Espera. Por que vai embora? Está tudo bem, está tudo bem comigo. Vamos terminar a partida. Sou um ator. Só um ator. Espera! Pode me trazer um pouco de gim antes de ir?

Ouve-se uma porta batendo. A agulha bate inutilmente na lateral da vitrola. Aproxima-se e troca. Dirige-se até o armário de bebidas e se serve. Pega a câmera e clica sobre seu rosto.

Outra vez, e outra vez. O que a câmera revela são suas imagens de diversas épocas e também retratos em preto e branco de homens: antigos amantes, colegas, desconhecidos...

Dá na mesma. Essa noite estou me despedindo. Rodei a garrafa no chão e ela apontou a porta. E você, meu querido desconhecido, foi o último.

Blecaute.

VII. SOLO DE TROMPETE

> E assim veio o prazer a quebrantar suas ondas
> ao chocar com as rochas de um despeito infinito.
>
> — NOVALIS

Proscênio.

Parte do palco mais próxima do público, ou seja, a parte que entremeia a beira do palco e a primeira fila da plateia.

Uma noite a menos... [*pega o roteiro*] Tudo começou naquela noite quando, de forma tão estúpida, minha obra fracassou. As mulheres não perdoam o fracasso! Queimei tudo, até a última folha de papel. Algo inverossímil. Tão inverossímil como se, ao acordar, visse que de repente esse lago estivesse seco ou que a terra o houvesse engolido. Tenho cravado no cérebro um prego tão maldito quanto essa minha debilidade mental que me chupa o sangue como uma sanguessuga. Aqui vem o verdadeiro

talento, caminha como Hamlet. [*solta o roteiro*] Palavras, palavras, palavras.
Estive tantas vezes aqui, exposto,
calculando a trajetória, a direção do voo, a força do impacto. Imaginando o segundo, o instante preciso no qual meu nome, já sem mim, fosse tudo.
Estive tantas vezes aqui,
exposto,
sentado no último banco da igreja com meus sapatos novos de 1930,
imaginando vagões, quartos de hotel, babilônias de autoestradas em que os homens, longe de Deus e de seus fantasmas, se perdoam entre lamentações.
Estive tantas vezes aqui,
exposto,
com o uniforme do soldado que nunca foi à guerra;
sobre a maquiagem bailam
anjos perdidos, jovens leões, buchas de canhão do porvir.
Estados Unidos, Estados Unidos, multiplica suas fronteiras, precipita-te ao céu, desperta suas cidades. Na noite mais negra acende os refletores da história e ação. Abre os becos e tranca ali suas ovelhas negras; filhos ímpios que tocam *blues* com os lábios secos e os dentes podres. Estados Unidos, Estados Unidos, carranca da manhã que não chega.
Estive tantas vezes aqui,
exposto,
nos hangares de Battery Park, nas ruelas de Roma, nas piscinas de Hollywood, ação, ação, se dissipa o último verão, o último consolo.
Estive tantas vezes aqui, exposto,
com um pé iniciando o passo
daqui até a eternidade. E não me atrevo. Não me atrevo. Desfilem.
Estados Unidos, Estados Unidos, carranca à deriva, por ti Prewitt eleva seu trompete na noite mais negra.

Solo de trompete

Estive tantas vezes aqui... palavras, palavras, palavras...
Já é hora de abandonar esta casa.

VIII. CANIBAIS E LOBOTOMIAS

...já é hora de abandonar esta casa. Calça italiana com laterais de cetim. Esta noite, depois da cerimônia, quando meus queridos companheiros cacarejarem agitados a grande notícia: "Você acredita que é mesmo verdade? É um bêbado diletante. Como vai deixar o cinema? Não se atreverá. Quem vai pagar para ver a obra de um russo na boca de um gay desequilibrado? Será que ele não abriu um único jornal nos últimos cinco anos?" Quando entre um e outro camarão comentarem com que vulgaridade Montgomery Clift mandou tomarem no cu todos os estúdios, todos os produtores, todos os roteiristas, tudo o que, dele, sem ele ficava, eu já estarei em algum hotel de beira de estrada dormindo como um bebê pela primeira vez em anos e você, meu querido Lorenzo, o mais belo dos presentes, estará libertado por fim desta servidão a qual chama afeto. Faixa bordô. Não aperte tão forte. Quando a comprei em Roma, podia dar três voltas, mas agora...
Por que a limusine chegou tão cedo? Lembre-se: esvazie os armários e as gavetas, e as portas, e as janelas, deixe tudo aberto e suma daqui por algumas semanas. Depois, faça o que quiser com a casa. Pode vender ou ficar, mas jamais voltarei a vê-lo. Camisa de smoking e punhos para as abotoaduras. Suspensórios. Meu querido Lorenzo, você já criou aversão às paredes da sua casa, ao teto, às luminárias, às gavetas, aos armários onde guarda

os comprimidos pra dormir, pra acordar, pra suportar a dor, pro cálcio, pra vista, pra trepar, pra não querer trepar, pra artrite, pra memória, pra esquecer, pra esquecer? Gravata--borboleta. Não me lembro de estar feliz estando quieto. Só uma vez. Sentado em um parque em Londres. Tínhamos terminado esse filme do louco do Tennessee Williams sobre canibais e lobotomias, e eu não tinha nada o que fazer a não ser estar sentado debaixo da chuva de julho de 1959. Você tem anotado o endereço do hotel? Paletó de um só botão com apliques de cetim negro no punho e na lapela. Talvez outro. Deitado numa mesa de bilhar, com o nariz cheio de coca, bêbado de vodca e suco de uva e um montão de anjos revoando entre as minhas coxas enquanto Ella Fitzgerald cantava no *jukebox*.

[*música*] Life's great, life's grand, future all planned, no more clouds in the sky, How'm I ridin'? I'm ridin' high! Someone I love, mad for my love, so long, Jonah goodbye! How'm I ridin'? I'm ridin' high! Floating on a starlit ceiling, doting on the cards I'm dealing, gloating because I'm feeling so hap-hap--happy I'm slap-happy!

Sapatos envernizados com cadarço. Por que fez isso? Não tinha que comprar nada pra mim. Lorenzo, por que fez isso? Abotoaduras de prata biseladas. Com meu nome gravado: Edward, Edward. Lorenzo... eu... não, tá tudo bem, perfeito. Cigarros Reynold. Saia e diga a ela que deixe de fumar, estou quase pronto. Bessie Mae, sempre tão impaciente. Por que você foi embora com aquele homem, minha pequena Nina, minha Cleópatra? Por que nunca pude te amar? Vai me obrigar a voar com esse chato até Santa Monica? [*pausa*] Na verdade, só fui feliz uma vez, agachado sob o painel, escondido entre as ferragens do meu Chevrolet, entorpecido pelo doce perfume de gasolina e sangue, pensando que não precisaria madrugar no dia seguinte para ir à filmagem, pra ver ninguém. Sim, já vou! Aqui está. Prometo que vou ler devagar. Lembre-se. Abre a janela. Aqui nos despedimos, meu querido Lorenzo, o mais belo dos presentes. Saio desta casa pra sempre. Sinto que a minha vida está só começando.

IX. GOODBYE, LITTLE DREAM, GOODBYE

> Não ser ninguém a não ser você mesmo, em um mundo que está fazendo todo o possível, dia e noite, para fazer com que você seja alguém diferente, significa lutar a mais dura batalha que qualquer ser humano pode enfrentar e nunca deixar de lutar.
>
> — CUMMINGS, *A poet's advice*

Estive tantas vezes aqui. Com um pé iniciando o passo. E sempre outro nome, sempre outro maldito nome. Mas esta noite, meus queridos companheiros, não se atreverão, não dirão outra coisa que não "E o Oscar vai para Montgomery Clift". E aí vou ler meu discurso lentamente. Quando disserem meu nome, quando por fim soar meu nome, direi adeus a todos: até sempre, Matt, meu pequeno bastardo, com as botas manchadas de barro; adeus, Morris Townsend; adeus, George Eastman; até sempre, padre Logan; adeus, Perce, caubói malhado, e adeus a você, o mais querido, adeus, meu pequeno, adeus Noah Ackerman; estes personagens lhes foram oferecidos por Edward Montgomery Clift, que arrebentou a máscara sobre sua cabeça ao bater um Chevrolet modelo 1956 contra um poste, e que nesta noite de 1962, depois de ser contemplado com o Oscar, deseja mandá-los todos à merda.

Projeção do solilóquio de Montgomery Clift em O julgamento em Nuremberg. *Clift repete as frases marcadas em negrito.*

"**Já tinham um acordo quando me fizeram entrar** no tribunal. Magistralmente. Uma enfermeira me preparou para a operação. Disse que tudo aquilo lhe parecia algo horrível. Então apareceu o médico que deveria realizar a oper... E disse que parecia espantoso. E fui esterilizado. Não, isso não é verdade. Minha mãe... Isso foi algo que só disseram pra me colocar na mesa de operação. **Lebre, caçador, campo**. Lebre, caçador, campo. Reconheço este papel. **Minha mãe, o que dizem de minha mãe?** Era uma doméstica que trabalhava sem descanso. E não é certo o que dizem dela. Deixe-me mostrar para vocês. Gostaria que vocês julgassem. Peço que me digam se ela era débil mental. **Era? Sei que já não posso... Desde aquele dia... fizeram de mim uma sombra do que eu havia sido. Minha juventude se dissipou de repente e tenho a impressão de ter vivido noventa anos.**"

Chegou o momento. [*um flash. Uma voz*] "E o vencedor na categoria melhor ator coadjuvante de 1961 vai para George Chakiris por *West Side Story*, por interpretar magistralmente o personagem Bernardo." [*fala enquanto toca a música desse filme*] Já tinham um acordo quando me fizeram entrar. Sei que já não posso... Desde aquele dia... Fizeram de mim uma sombra do que eu havia sido. Minha juventude se dissipou de repente e tenho a impressão de ter vivido 90 anos. [*pausa*] E vocês? Fora daqui! Sintam pena de outro. Eu sou Montgomery Clift! Não acreditam? Olhem-me nos olhos, olhem-me nos olhos, não veem que sou Montgomery Clift? Como posso não ser Montgomery Clift? [*outro flash*] A sessão está suspensa.

X. MARLON NAS RUAS DE OMAHA

Quanto tempo você passou ensaiando esse gesto de preocupação, a comovente pose de companheiro preocupado, seu perfil de herói de calças justas e camisa sem colarinho? Eu aplaudo a sua construção, sim, senhor, perfeita. Comovente até. Mas me poupe do sermão. Já o ouvi muito, me repito todas as noites. E aqui estou. Suportando na banheira o blá-blá-blá de um bundão irlandês que veio me resgatar, você, meu querido Marlon Brando. Vi você aparecer por essa porta como um adorável anjo do Exército de Salvação em missão de resgate do pobre Montgomery Clift, arrasado depois de não ter levado o Oscar, um fantoche drogado vomitando nas calças do seu smoking. Isso aconteceu há quanto tempo? Um dia, uma semana, um ano? E agora, meu querido Marlon, lembre-me por que veio. Pra me salvar de quê? Pra me pedir o quê? Que pare de beber? Que pare de fazer mal a mim mesmo? Que bata nos meus amantes com mais discrição? Que não morra? O que quer de mim? Lhe dou de presente as manchetes se você desaparecer e levar seus belos braços e sua testosterona e seu compromisso e seu ofício e suas bobagens sobre o ofício para outro lugar. "Marlon Brando ajuda no resgate de Montgomery Clift", "Fontes confiáveis asseguram que os dois atores estiveram conversando até altas horas da madrugada". Vem, mexe essa bunda gorda de irlandês arrependido e me traz essa garrafa. [*pausa*] Vai me fazer sair da banheira? Está bem, está bem. E agora eu me calo. Anjo do Exército de Salvação, me presenteie com sua lenga-lenga: Nós, que crescemos nas ruas de Omaha, que dormimos em catres cheios de percevejos e que tivemos que fornicar com os seres mais repugnantes pra conseguir um teste, nós, que demos aos estúdios mais de um chute no saco, nós devemos continuar fazendo filmes, tentando... Mas, meu querido Marlon, o problema é que eu não quero mudar nada, só desejo que você suma e me deixe em paz. Claro que aprecio o seu gesto, claro que não deveria estar gritando com você, claro que você não ganha nada me dizendo essas coisas... Então, por que está fazendo isso? Por que veio? Não repita. Não vou morrer. Logo encontrará outro para você invejar, outro que o faça ser melhor. Por que eu deveria deixar de beber? Tô pouco me fodendo se a sua mãe destruiu o fígado com uísque. Acha mesmo que não me contratam porque sou um bêbado? Olha a minha cara. Já contou as cicatrizes? Mas continuo sendo um ator. Olha nos meus olhos. Por que você nasceu na minha cidade? Por que me perseguiu ano após ano pra me lembrar que sempre poderia chegar outro melhor, alguém que tinha descoberto o mecanismo, o segredo, a forma de fazer isso que você continua tentando conseguir ano após ano e sempre desaparece quando está a ponto de alcançar? E não pode deixar de tentar, porque não sabe fazer mais porra nenhuma. Porque está dizendo ao seu cérebro que diga ao seu coração que diga aos seus olhos e aos seus braços e às suas pernas que você deixou de pertencer a si mesmo. E quando está conseguindo, quando o artifício parece funcionar, desaparece. E você vê e revê a tomada, e se maldiz porque se reconhece, sua cara estúpida, seus gestos estúpidos. E apesar de tudo você ao menos pensa que é honesto, e de repente chega outro que, sem esforço... Não tinha outra cidade em que você podia nascer? Não tinha outro ofício a que você podia se dedicar? Não tinha outro corpo que não esse? Meu querido Marlon, de onde diabos você tirou tanto talento? Que pena que está ficando com a bunda tão gorda. Era o que te fazia um bom ator. A sua bunda. E agora... bobagens. Acha mesmo que vão seguir te contratando por muitos anos? Permitirão que você lhes incomode de vez em quando, que monte suas ceninhas, seu amigo Strasberg continuará enchendo o bolso enquanto sua bunda de irlandês cresce e cresce, e depois lhe darão um pé na bunda quando for mais importante pra eles a sua lembrança do que você mesmo. Você vai levantar a mão e dizer: "eu sou esse, eu sou Stanley Kowalski", mas eles só verão um merda de um gordo irlandês suplicando por um papel para pagar a pensão da sua quinta mulher. Então, meu querido Marlon, me traz essa garrafa e some logo. Acha que vão lhe dar um bom papel quando tiver 50 anos, que vão aplaudir a sua calvície, suas rugas, seu talento? Agradeço a visita. Vá preparando seu gesto de contrariedade, presenteie eles com uma fotografia bonita e diz pra eles que sim, que Montgomery Clift deixou o cinema para sempre, mas que em alguns dias começará os ensaios de *A gaivota*. Konstantin Treplev outra vez.

Blecaute.

XI. ELIZABETH

Toca o telefone.

Elizabeth! É você? Sabia que você ia me ligar. Sabia que não ia me deixar só. Sim, estou tranquilo. Agora que ouço a sua voz, estou tranquilo. Você me ligou, finalmente me ligou. Não vamos chorar! Estou só, sim. Lorenzo se foi. Eu o despedi. Não preciso de um guardião. Quero sair desta casa. Sim, deixo você falar, claro. [*pausa*] Quê? Por quê? Não pode mudar? Que filme é? Por favor, se você pedir, eles mudam as datas com certeza. Você consegue. Não, falo eu com o produtor, direi que adiamos a produção pra temporada seguinte. Quando você puder... Pode ser, minha pequena? Não, não acredito. Você não está me dizendo isso. [*pausa*] Não, não, não. Você é outra pessoa. Agora virou estrela. Se apodera de si como uma embriaguez e se vê maravilhosa. Não é certo. Eu quero parar de sofrer. Também me preocupo com a vocação! Porque quero parar de sofrer, por isso faço o que faço! Deixo de repetir o que você diz. Deixo de repetir o que você diz. Deixo de repetir o que você diz. Não, não quero escutar. Você já encontrou o seu caminho. Sabe pra onde vai. Uma estrela. Eu, por outro lado, flutuo em um caos de sonhos e imagens, sem saber pra que nem pra quem isso é necessário! Não acredito, e não sei qual é a minha vocação! Sim, eu sei. Você deveria deixar-me ajudar. Ainda está em tempo. Mas de quê? Muitas noites me parece que me arrancaram o que me restava de juventude e que tenho 90 anos. E você continua a mesma, com seu doce sorriso... Lembra como fomos felizes? Lembra que nunca íamos nos abandonar? Por que você não me disse antes? O produtor concordou em me alugar o teatro porque você estava no elenco. *A gaivota*: Elizabeth Taylor e Montgomery Clift, Elizabeth Taylor e Montgomery Clift! Não, não desligue! Por favor, pensa bem. Prometo que... sim, já sei que prometi mil vezes, mas... está bem. Não, não vou chorar. Sim, claro que você é boazinha comigo. Sempre foi boazinha comigo. Já sei que a sua casa é minha casa. Não, não vou chorar. [*desliga. Depois de uma pausa, sorri*] Eu poderia contar à minha mãe, e ela não ia gostar...

Blecaute.

XII. A GAIVOTA

Tanto que falei de novas formas e agora... [*enquanto despedaça o roteiro de* A gaivota] "Após a desistência de Elizabeth Taylor, Montgomery Clift decide suspender a produção de *A gaivota*. O ator aceitou gravar na Europa para calar os rumores de que..."; "O ator manifesta seu desejo de regressar quanto antes aos estúdios de Hollywood"; "Montgomery Clift nega ter se submetido a uma nova cirurgia". O que posso fazer? [*arranca uma folha do roteiro*] Vou gravar esse filme, voltarei e lhes direi que sigo aqui, que não podem arrancar o que ainda resta de mim, que sou Montgomery Clift, sim, um ator, um ator... O resto terá que ir acontecendo. Pro Marlon é mais fácil, porque já conseguiu chegar a um estilo próprio. Basta que fique quieto, olhe pra câmera, faça uma pausa... só uma pausa e, nesse segundo, nesse preciso segundo, entre uma palavra e outra, ele já contou tudo. Porque é belo, porque lhe basta ficar quieto. Mas eu, em contrapartida, desde aquela noite tenho que despejar toda a minha alma pelos olhos, para que saibam que continuo aqui, que sou o mesmo ator, ainda que minha cara... [*ouve-se uma pancada na janela mais próxima à mesa*] O que é isso? [*olha pela janela*] Não se vê nada. Quem está aí? [*pausa*] Eu, que tanto falei sobre as novas formas na arte, agora sinto que sou eu mesmo que estou caindo na mesmice! Quem está aí? Sou um solitário! Nenhum afeto me conforta! Sinto dentro de mim o frio de uma caverna, e tudo o que escrevo é seco, sombrio e sem coração. Por que continuo aqui? Por que continuo nesta casa? [*durante uns segundos, rasga em silêncio o roteiro e joga os pedaços no chão. Depois sai e volta a entrar*] Seria uma boa irem embora. [*tira a última foto*] Konstantin Treplev atirou em si mesmo.

Ri. Escuta-se o barulho de uma festa. Clift dança sozinho com uma taça na mão. Blecaute final.

FIM

Por que publicar dramaturgia

Os textos de teatro são escritos de diversas maneiras: durante ensaios, como adaptações de romances, a partir de discussões com encenadores e artistas, solitariamente, vindos de ideias avulsas ou de enredos históricos, além de tantas outras maneiras existentes e por serem inventadas. Pensar o texto dramático como um modo de escrita para além do papel, que tem a vocação de ser dito e atuado, não elimina seu estágio primeiro de literatura. O desejo de pensar sobre as diferenças e confluências entre o texto dramático e o texto essencialmente literário nos levou a elaborar este projeto de publicações: a *Coleção Dramaturgia*. Queríamos propor a reflexão sobre o que faz um texto provocar o impulso da cena ou o que faz um texto prescindir de encenação. E mesmo pensar se essas questões são inerentes ao texto ou à leitura de encenadores e artistas.

O livro é também um modo de levar a peça a outros territórios, a lugares onde ela não foi encenada. Escolas, universidades, grupos de teatro, leitores distraídos, amantes do teatro. Com o livro nas mãos, outras encenações podem ser elaboradas e outros universos construídos. Os mesmos textos podem ser lidos de outros modos, em outros contextos, em silêncio ou em diálogo. São essas e tantas outras questões que nos instigam a ler os textos dramáticos e a circulá-los em livros.

Publicar a *Coleção Dramaturgia Espanhola*, que chega às prateleiras após o generoso convite de Márcia Dias à Editora Cobogó, e com o importantíssimo apoio da Acción Cultural Espanhola – AC/E, foi para nós uma oportunidade de discutir outras linguagens no teatro, outros modos de pensar a dramaturgia, outras vozes, e, ainda, expandir nosso diálogo e a construção de uma cultura de *ler teatro*. Ao ampliar nosso catálogo de textos dramáticos com as peças espanholas — ao final deste ano teremos trinta títulos de teatro publicados! —, potencializamos um rico intercâmbio cultural entre as dramaturgias brasileira e espanhola, trazendo aos leitores do Brasil uma visada nova e vibrante, produzida no teatro espanhol.

Isabel Diegues
Editora Cobogó

Dramaturgia espanhola no Brasil

Em 2013, em Madri, por intermédio de Elvira Marco, Elena Díaz e Jorge Sobredo, representantes da Acción Cultural Española – AC/E, conheci o Programa de Intercâmbio Cultural Brasil-Espanha. O principal objetivo do programa seria divulgar a dramaturgia contemporânea espanhola, incentivar a realização das montagens dessas obras por artistas brasileiros, estimular a troca de maneiras de fazer teatro em ambos os lados do Atlântico, promover a integração e fortalecer os laços de intercâmbio cultural entre Brasil e Espanha.

O programa havia, então, selecionado dez obras, através de um comitê de personalidades representativas das artes cênicas espanholas. A ideia inicial seria contratar uma universidade para a tradução dos textos, buscar uma editora brasileira que se interessasse em participar do projeto no formato e-book, programar entrevistas com os autores e promover a difusão dos textos através de leituras dramatizadas com diretores de grupos e companhias brasileiras.

Ao conhecer o programa, comecei a pensar sobre como despertar o interesse de uma editora e de artistas brasileiros para participar dele. O que seria atraente para uma editora, e consequentemente para o leitor, na tradução de um texto da atual dramaturgia espanhola? Como aproximar artistas brasileiros para a leitura de obras espanholas? Como verticalizar a experiência e fazer, de fato, um intercâmbio entre artistas brasileiros e espanhóis? Estimulada por essas e outras questões e percebendo o potencial de articulação, cruzamentos e promoção de encontros que um projeto como esse poderia proporcionar, encampei o programa expandindo suas possibilidades. A ideia, agora, seria aproximar artistas dos dois países em torno de um projeto artístico mais amplo potencializado pelo suporte de festivais internacionais realizados no Brasil que se alinhassem aos objetivos do TEMPO_FESTIVAL, dirigido por mim, Bia Junqueira e César Augusto, principalmente no que se refere ao incentivo à criação e suas diferentes formas de difusão e realização.

A partir de então, convidei quatro festivais integrantes do Núcleo dos Festivais Internacionais de Artes Cênicas do Brasil — Cena Contemporânea – Festival Internacional de Teatro de Brasília; Porto Alegre em Cena – Festival Internacional de Artes Cênicas; Festival Internacional de Artes Cênicas da Bahia – FIAC; e Janeiro de Grandes Espetáculos – Festival Internacional de Artes Cênicas de Pernambuco — para participar do projeto e, juntos, selecionarmos dez artistas de diferentes cidades do Brasil para a tradução e direção das leituras dramáticas dos textos.

Assim, para intensificar a participação e aprofundar o intercâmbio cultural, reafirmando uma das importantes funções dos festivais, decidimos que seriam feitas duas leituras dramáticas a cada festival, com diferentes grupos e companhias de teatro locais, em um formato de residência artística com duração aproximada de cinco dias. Com essa dinâmica, os encontros nos festivais entre o autor, o artista-tradutor e os artistas locais seriam adensados, potencializados. A proposta foi prontamente aceita pela AC/E, uma vez que atenderia amplamente aos objetivos do Programa de Intercâmbio Cultural Brasil-Espanha.

Desde então, venho trabalhando na coordenação do Projeto de Internacionalização da Dramaturgia Espanhola. A primeira etapa foi buscar uma editora brasileira que tivesse o perfil para publicar os livros. Não foi surpresa confirmar o interesse de Isabel Diegues, da Editora Cobogó, que, dentre sua linha de publicações, valoriza a dramaturgia através de livros de textos de teatro, com sua Coleção Dramaturgia.

A segunda etapa foi pensar as leituras das obras espanholas junto aos diretores dos festivais parceiros representados por Paula de Renor, Guilherme Reis, Felipe de Assis e Luciano Alabarse e definir os artistas que poderiam traduzir os textos. Com isso, convidamos Aderbal Freire-Filho, Beatriz Sayad, Cibele Forjaz, Fernando Yamamoto, Gilberto Gawronski, Hugo Rodas, Luís Artur Nunes, Marcio Meirelles, Pedro Brício e Roberto Alvim, que toparam a aventura!

Finalmente, partimos para a edição e produção dos livros e convidamos os grupos e companhias locais para a realização das residências artísticas e leituras dramáticas, que culminariam no lançamento das publicações em cada um dos festivais parceiros, cumprindo um calendário de julho de 2015 a janeiro de 2016.

Enquanto ainda finalizamos os últimos detalhes das publicações, compartilhando o entusiasmo de diretores, tradutores e tantos outros parceiros da empreitada, imagino quais desdobramentos serão possíveis a partir de janeiro de 2016, quando os livros já estiverem publicados e tivermos experimentado as leituras e conversas sobre dramaturgia. Quem sabe a AC/E não amplie o programa? Quem sabe não estaremos começando a produção de um desses espetáculos no Brasil? Quem sabe essa(s) obra(s) não circule(m) entre outros festivais internacionais do Brasil? Quem sabe não estaremos levando para a Espanha traduções de palavras e de cenas de alguns dos espetáculos, com direção e atuação de artistas brasileiros? Enfim, dos encontros, sem dúvida, muitas ideias irão brotar... Vou adorar dar continuidade ao(s) projeto(s). Fica aqui o registro!

Márcia Dias
Curadora e diretora do TEMPO_FESTIVAL

CIP-BRASIL. CATALOGAÇÃO-NA-FONTE
SINDICATO NACIONAL DOS EDITORES DE LIVROS, RJ

López, Alberto Conejero
L857c   Cliff (precipício) / Alberto Conejero López ; tradução Fernando Yamamoto.- 1. ed.- Rio de Janeiro : Cobogó, 2015.
68 p. : il. ; 19 cm. (Dramaturgia espanhola)

Tradução de: Cliff (acantilado)
ISBN 978-85-60965-98-4

1. Teatro espanhol (Literatura). I. Yamamoto, Fernando. II. Título. III. Série.

15-27085   CDD: 862
                                                             CDU: 821.134.2-2

Nesta edição foi respeitado o Acordo Ortográfico da Língua Portuguesa de 1990, que entrou em vigor no Brasil em 2009.

Todos os direitos em língua portuguesa reservados à
Editora de Livros Cobogó Ltda.
Rua Jardim Botânico, 635/406
Rio de Janeiro – RJ – 22470-050
www.cobogo.com.br

© Editora de Livros Cobogó
© AC/E (Sociedad Estatal de Acción Cultural S.A.)

Texto
Alberto Conejero López

Tradução
Fernando Yamamoto

Idealização do projeto
Acción Cultural Española — AC/E e TEMPO_FESTIVAL

Coordenação geral Brasil
Márcia Dias

Coordenação geral Espanha
Elena Díaz, Jorge Sobredo e Juan Lozano

Editores
Isabel Diegues
Julia Martins Barbosa

Coordenação de produção
Melina Bial

Revisão da tradução
João Sette Camara

Revisão
Eduardo Carneiro

Capa
Radiográfico

Projeto gráfico e diagramação
Mari Taboada

Outros títulos desta coleção:

A PAZ PERPÉTUA, de Juan Mayorga
Tradução Aderbal Freire-Filho

APRÈS MOI, LE DÉLUGE (DEPOIS DE MIM, O DILÚVIO),
de Lluïsa Cunillé
Tradução Marcio Meirelles

ATRA BÍLIS, de Laila Ripoll
Tradução Hugo Rodas

CACHORRO MORTO NA LAVANDERIA: OS FORTES, de Angélica Liddell
Tradução Beatriz Sayad

DENTRO DA TERRA, de José Manuel Mora
Tradução Roberto Alvim

MÜNCHAUSEN, de Lucía Vilanova
Tradução Pedro Brício

NN12, de Gracia Morales
Tradução Gilberto Gawronski

O PRINCÍPIO DE ARQUIMEDES, de Josep Maria Miró i Coromina
Tradução Luís Artur Nunes

OS CORPOS PERDIDOS, de José Manuel Mora
Tradução Cibele Forjaz

2015

1ª impressão

Este livro foi composto em Univers.
Impresso pela gráfica Stamppa
sobre papel Pólen Bold 70g/m².